学前教育专业系列教材

U0635434

幼儿园教育活动实训手册

唐燕 著

华东师范大学出版社
·上海·

图书在版编目（CIP）数据

幼儿园教育活动实训手册/唐燕著.—上海：华东师范
大学出版社,2014.7
ISBN 978－7－5675－2359－3

Ⅰ.①幼…　Ⅱ.①唐…　Ⅲ.①幼儿园－教学活动－
教学参考资料　Ⅳ.①G613

中国版本图书馆 CIP 数据核字(2014)第 173159 号

幼儿园教育活动实训手册

著　者　唐　燕
项目编辑　吴　余
审读编辑　邢玉平
责任校对　高士吟
装帧设计　卢晓红

出版发行　华东师范大学出版社
社　　址　上海市中山北路 3663 号　邮编 200062
网　　址　www.ecnupress.com.cn
电　　话　021－60821666　行政传真 021－62572105
客服电话　021－62865537　门市（邮购）电话 021－62869887
地　　址　上海市中山北路 3663 号华东师范大学校内先锋路口
网　　店　http://hdsdcbs.tmall.com

印 刷 者　常熟市文化印刷有限公司
开　　本　787×1092　16 开
印　　张　8.5
字　　数　51 千字
版　　次　2014 年 9 月第 1 版
印　　次　2022 年 8 月第 6 次
书　　号　ISBN 978－7－5675－2359－3/G·7542
定　　价　18.00 元

出 版 人　王　焰

（如发现本版图书有印订质量问题,请寄回本社客服中心调换或电话 021－62865537 联系）

前　言

　　幼儿园教育活动设计与实施是学前教育专业核心课程,具有理论性、实践性、综合性、实用性的特点。通过本课程的教学,使学生掌握幼儿园各项教育活动设计与实施的基本理论及幼儿园教育活动设计与实施的能力,帮助学生形成从事幼儿教育工作所必需的态度及教学技能,为今后成为一名合格的幼儿教师打基础。为使幼儿园教育活动设计与实施专业核心课程的教与学更有效,笔者精心编撰与幼儿园教育活动设计与实施课程相配套的《幼儿园教育活动实训手册》(以下简称《实训手册》)。本《实训手册》与幼儿园教育活动设计与实施课程授课计划同步,以强化学生有效具备幼儿教师"写、说、授、评"综合教育教学能力为目的,确保"教学做"和"教学考"的科学性和有效性。特别是在对本课程施行教学模式改革和考核模式改革的同时,倍加重视本课程的实践教学和过程性考核的开展和创新,更凸显本《实训手册》的使用价值。

　　1. 实现"教学做"一体化的针对性和实践性

　　本《实训手册》与本课程教学同步,在工学结合和实践价值取向理念的指导下,重视加强课程实践环节的训练,实训项目具有针对性和实践性,真正实现"教学做"一体化的情境。

　　2. 创新发挥学习的主动性和主体性

　　本《实训手册》创新作业批改形式,即改变已往以教师为主的批改形式为以学生为主、教师为辅的批改形式。通过小组合作批改与分享,实现资源共享、合作学习、共同发展的学习目标。充分发挥学生学习的主动性和主体性,这是该"实训本"的创新亮点。

　　3. 体验幼儿园保教工作的丰富性和专业性

　　本课程实训内容丰富,训练全面,主要结合课程教学目标、课程考核方式(过程性考核)特点和要求,设计了丰富而专业的实训项目,充分体验幼儿园保教工作的丰富性和专业性,可以有效实训学生的专业能力和职业能力。

　　4. 促进"教学考"的科学性和有效性

　　为确保实训操作的科学性和有效性,该《实训手册》提炼了课程知识点和能力点。便于对照检验教与学的效果,同时,对"过程性考核"所需的过程材料提供真实的过程学习和过程实训记录,真正促进"教学考"的科学性和有效性。

5. 具有使用的灵活性和多向性

本《实训手册》在配合教材使用的同时，也可灵活单独使用，可供学前教育师资培训班实训使用；可供幼儿园教师资格证培训班实训使用；也可作为幼儿园教师专业能力提升的实训手册。

本《实训手册》在编撰过程中，合作伙伴鲁光楠老师先后参与校对和提出宝贵建议，赖竹婧老师和胡丽园老师后期参与校对和提出修改建议；同时，得到华东师范大学出版社吴余编辑的指导，使本《实训手册》在不断修改中完成定稿。在此深表谢意！

由于编撰匆忙，本《实训手册》有存在不足之处，恳请批评与指正。

作　者
2014 年 8 月

目 录

模块一

幼儿园教育活动设计与实施的基础理论

实训目标：

1. 理解和运用"幼儿园教育活动设计与实施"基础理论的概念和理论。

2. 理解和运用《幼儿园教育指导纲要(试行)》、《3—6岁儿童学习与发展指南》、《幼儿园教师专业标准》等文件的精神和理念。

3. 明确学习目标、制订学习计划。

一、知识点

1. 理解和运用"幼儿园教育活动设计与实施"基础理论的概念和理论。

实训要求：在"模块一"的基础理论中找出重点和难点的概念和理论，并理解其内涵和意义并作答。

基本概念	
基本理论	

续　表

交流与分享	
	评价者

2. 理解和运用《幼儿园教育指导纲要(试行)》、《3—6 岁儿童学习与发展指南》及《幼儿园教师专业标准》的内涵和理念,并运用其理念指导幼儿园教育活动设计与实施的教育行为。

实训要求:阅读《幼儿园教育指导纲要(试行)》、《3—6 岁儿童学习与发展指南》、《幼儿园教师专业标准》等文件,并谈谈文件的精神和理念对学习幼儿园教育活动设计与实施这门课程有哪些帮助?

《幼儿园教育指导纲要(试行)》的内涵及其理念对你的启示	
《3—6 岁儿童学习与发展指南》的内涵及其理念对你的启示	
《幼儿园教师专业标准》的内涵及其理念对你的启示	
评价与分享	评价者

二、能力点

制订学习幼儿园教育活动设计与实施的计划

实训要求:每人制订一份本课程学习计划,并在小组(或班级)中交流与分享。

我的困惑	
我的专业能力提高目标	
我的学习计划	
交流与分享	评价者

模块二

幼儿园教育活动设计与实施的基本技能

实训目标：

1. 理解和运用"幼儿园五大领域教育活动设计与实施"的基本技能。

2. 强化幼儿园五大领域教育活动的"写、说、授、评"综合教学能力。

项目一：幼儿园健康教育活动的设计、 说课、实施与评价练习

一、知识点

理解与运用"幼儿园健康教育活动设计与实施"基本理论

    实训要求：在"模块二"的"项目一：幼儿园健康教育活动的设计、说课、实施与评价"基本理论中找出你的重点和难点的概念和理论，并作答理解其内涵和意义。

基本概念	
基本理论	

续　表

交流与分享	
	评价者

二、能力点

实训 1：收集与评析幼儿园健康教育活动教案

项目要求：收集一篇幼儿园健康教育活动教案，并在小组中互相交流与分享。

交流与分享		评价者

实训 2：还原与评析幼儿园健康教育活动教案

实训要求：观摩幼儿园健康教学活动的实施，根据观摩活动的内容，按教案格式记录还原一篇观摩活动的教案，并在小组中进行互相评析与分享。

活动名称：

活动内容：

活动目标：

重点与难点：

活动准备

经验准备：

物质准备：

活动过程：

活动反思

评价与分享

评价者：

实训 3：设计、实施与评析幼儿园体育活动教案

实训要求：按教案格式，任选班级和内容设计一篇幼儿园体育活动教案，并在小组中互相评析与分享。

评价与分享	
	评价者

实训 4：设计、实施与评析幼儿园心理健康教育活动教案

　　实训要求：按教案格式，任选班级和内容设计一篇幼儿园心理健康教育活动教案，并在小组中互相评析与分享。

续　表

评价与分享	
	评价者

实训 5：设计、实施与评析幼儿园健康教育活动整合方案

实训要求：幼儿园健康教育整合活动方案是以健康内容为核心，整合和渗透与核心内容有联系的知识，使教与学形成整体。按整合方案格式，任选班级设计一篇幼儿园健康教育整合活动方案，并在小组中互相评析与分享。

幼儿园健康教育整合活动方案

活动名称：　　　　　　　　　　　　　　　　　　班级：

活动目标（整合活动总目标）：

活动网络：

实施途径：

环境创设：

家园共育：

系列活动：

评价与分享：

评价者：

实训 6：撰写与评析幼儿园健康教育活动说课稿

实训要求：按说课稿格式，任选一篇已设计的健康教育活动教案，撰写一篇健康教育活动说课稿，并在小组中互相评析与分享。

说课名称：

说活动内容：

说活动目标（重点难点）：

说活动准备：

说教法学法：

说活动过程：

评价与分享：

评价者：

实训 7:试讲与评析幼儿园健康教育活动

实训要求:任选一篇已设计的健康教育活动教案,以小组为单位,开展健康教育活动的说、授、评训练。

试讲课题 及班级		实施者	
亮点/反思			
存在问题			
我的困惑			
评价与分享		评价者	

实训 8：编排一套徒手操或器械操（或制作幼儿体育器材）

实训要求：以小组为单位编排一套徒手操或器械操（或制作幼儿体育器材），并在实训活动中展示与评价。

体操名称		体操来源	
体操内容要领			
编排要求			
小组成员			
评价与分享			评价者

项目二：幼儿园语言教育活动的设计、说课、实施与评价

一、知识点

实训要求： 从教材"项目二：幼儿园语言教育活动的设计、说课、实施与评价"基本理论中找出重点和难点的概念和理论，并作答理解其内涵和意义。

基本概念	
基本理论	

交流与分享	
	评价者

二、能力点

实训 1:收集与评析幼儿园语言教育活动教案

项目要求:收集一篇幼儿园语言教育活动教案,并在小组中互相交流与分享。

交流与分享	
	评价者

实训 2:还原与评析幼儿园语言教育活动教案

实训要求:观摩幼儿园语言教学活动的实施,根据观摩活动的内容,按教案格式记录还原一篇观摩活动的教案,并进行互相评析与分享。

活动名称:

活动内容:

活动目标:

重点与难点:

活动准备

经验准备:

物质准备:

活动过程:

活动反思

评价与分享

评价者：

实训 3：设计与评析幼儿园文学活动教案（任选一种文学活动类型）

实训要求：按教案格式，任选班级和文学活动类型设计一篇幼儿园文学活动教案，并在小组里互相评析与分享。

评价与分享	
	评价者

实训 4：设计与评析幼儿园讲述活动教案（任选一种讲述活动类型）

    实训要求：按教案格式，任选班级和讲述活动类型设计一篇幼儿园讲述活动教案，并在小组里互相评析与分享。

评价与分享	
	评价者

实训 5:设计与评析幼儿园文学网络教育活动方案

实训要求:文学网络活动方案是以文学作品为核心,整合和渗透与核心内容有联系的知识,使教与学形成整体。按文学网络活动方案格式,任选班级设计一篇幼儿园文学网络活动方案,并在小组里互相评析与分享。

幼儿园文学网络活动方案

活动名称: 班级:

活动目标(整合活动总目标):

活动网络:

实施途径：

环境创设：

家园共育：

系列活动：

评价与分享：

评价者：

实训 6:撰写与评析幼儿园语言教育活动说课稿

实训要求:按说课稿格式,任选一篇已设计的语言教育活动教案,撰写一篇语言教育活动说课稿,并在小组中互相评析与分享。

说课名称:

说活动内容:

说活动目标(重点难点):

说活动准备:

说教法学法:

说活动过程：

评价与分享：

评价者：

实训 7：试讲与评析语言教育活动

实训要求：任选一篇已设计的语言教育活动教案，以小组为单位，开展语言教育活动的说、授、评训练。

试讲主题 及班级		实施者	
亮点/反思			
存在问题			
我的困惑			
评价与分享			
		评价者	

实训8:反思幼儿园教育活动设计与实施课程学习效果(一)

实训要求:对照"附录"中列出的课程知识点和能力点,反思本学期学习幼儿园教育活动设计与实施的效果,并在小组中互相交流与分享。同时,自拟题目,撰写一篇论文(自行提交)。

我的发现	
我的困惑	
我的收获	
我的再提高	
评价与分享	评价者
教师批阅	

项目三：幼儿园科学教育活动的设计、说课、实施与评价

一、知识点

　　实训要求：在"项目三：幼儿园科学教育活动的设计、说课、实施与评价"基本理论中找出重点和难点的概念和理论，并作答理解其内涵和意义。

基本概念	
基本理论观点	

续　表

交流与分享	
	评价者

二、能力点

实训 1：收集与评析幼儿园科学教育活动教案

实训要求：收集一篇幼儿园科学教育活动案例，并在小组中互相交流与分享。

评价与分享	
	评价者

实训 2:还原与评析幼儿园科学教育活动教案

实训要求:观摩幼儿园科学教学活动的实施,根据观摩活动的内容,按教案格式记录还原一篇观摩活动的教案,并在小组中进行互相评析与分享。

活动名称:

活动内容:

活动目标:

重点与难点:

活动准备

经验准备:

物质准备:

活动过程:

活动反思

评价与分享

评价者：

实训3:设计与评析幼儿园科学教育活动教案(任选一种科学活动类型)

实训要求:按教案格式,任选班级和科学活动类型,设计一篇科学探索活动教案,并在小组中进行互相评析与分享。

续　表

评价与分享	
	评价者

实训 4:设计与评析幼儿园科学教育活动整合方案

实训要求:幼儿园科学教育整合活动方案是以科学内容为核心,整合和渗透与核心内容有联系的知识,使教与学形成整体。按整合方案格式,任选班级设计一篇幼儿园科学教育整合活动方案,并在小组中互相评析与分享。

幼儿园科学教育整合活动方案

活动名称: 班级:

活动目标(整合活动总目标):

活动网络:

实施途径：

环境创设：

家园共育：

系列活动：

评价与分享：

评价者：

实训 5：撰写与评析幼儿园科学教育活动说课稿

实训要求：按说课稿格式，任选一篇已设计的科学教育活动教案，撰写一篇科学探索活动说课稿，并在小组中互相评析与分享。

说课名称：

说活动内容：

说活动目标（重点难点）：

说活动准备：

说教法学法：

说活动过程:

评价与分享:

评价者:

实训 6:试讲与评析幼儿园科学教育活动

实训要求:任选一篇已设计的科学教育活动教案,以小组为单位开展科学探索活动的说、授、评训练。

试讲主题及班级		实施者	
亮点/反思			
存在问题			
我的困惑			
评价与分享		评价者	

项目四：幼儿园数学教育活动的设计、说课、实施与评价

一、知识点

实训要求： 在"项目四：幼儿园数学教育活动的设计、说课、实施与评价"基本理论中找出重点和难点的概念和理论，并作答理解其内涵和意义。

基本概念	
基本理论	

续　表

交流与分享	
	评价者

二、能力点

实训 1：收集与评析幼儿园数学教育活动教案

实训要求：收集一篇幼儿园数学教育活动案例，并在小组中互相交流与分享。

交流与分享	
	评价者

实训 2:还原与评析幼儿园数学教育活动教案

实训要求:观摩幼儿园数学教学活动的实施,根据观摩活动的内容,按教案格式记录还原一篇观摩活动的教案,并在小组中进行互相评析与分享。

活动名称:

活动内容:

活动目标:

重点与难点:

活动准备
经验准备:

物质准备:

活动过程:

活动反思

评价与分享

评价者：

实训 3：设计与评析幼儿园数学教育活动教案

实训要求：按教案格式，任选班级和内容，设计一篇幼儿园数学教育活动教案，并在小组中互相评析与分享。

续　表

评价与分享	
	评价者

实训 4:设计与评析幼儿园数学教育活动整合方案

　　实训要求:幼儿园数学教育整合活动方案是以数学内容为核心,整合和渗透与核心内容有联系的知识,使教与学形成整体。按整合方案格式,任选班级设计一篇幼儿园数学教育整合活动方案,并在小组中互相评析与分享。

幼儿园数学教育整合活动方案

活动名称:　　　　　　　　　　　　　　　　　　　　班级:

活动目标(整合活动总目标):

活动网络:

实施途径：

环境创设：

家园共育：

系列活动：

评价与分享：

评价者：

实训 5:撰写与评析幼儿园数学教育活动说课稿

实训要求:按说课稿格式,任选一篇已设计的数学教育活动教案,撰写一篇数学教育活动说课稿,并在小组中互相评析与分享。

说课名称:

说活动内容:

说活动目标(重点难点):

说活动准备:

说教法学法:

说活动过程：

评价与分享：

评价者：

实训 6:试讲与评析幼儿园数学教育活动

实训要求:任选已设计的数学教育活动教案,以小组为单位开展数学教育活动的说、授、评训练。

试讲课题及班级		实施者	
亮点/反思			
存在问题			
我的困惑			
评价与分享		评价者	

项目五：幼儿园社会教育活动的设计、说课、实施与评价

一、知识点

实训要求：在"项目五：幼儿园社会教育活动的设计、说课、实施与评价"基本理论中找出重点和难点的概念和理论，并作答理解其内涵和意义。

基本概念	
基本理论	

交流与分享	
	评价者

二、能力点

实训 1：收集与评析幼儿园社会教育活动教案

实训要求：收集一篇幼儿园社会教育活动教案，并在小组中互相交流与分享。

交流与分享	
	评价者

实训 2:还原与评析幼儿园社会教育活动教案

实训要求: 观摩幼儿园社会教学活动的实施,根据观摩活动的内容,按教案格式记录还原一篇观摩活动的教案,并进行互相评析和分享。

活动名称:

活动内容:

活动目标:

重点与难点:

活动准备

经验准备:

物质准备:

活动过程:

活动反思

评价与分享

评价者：

实训 3：设计与评析幼儿园社会教育活动教案

　　项目要求：按教案格式，任选班级和社会活动类型设计一篇社会活动教案，并在小组中进行互相评析与分享。

续　表

评价与分享	
	评价者

实训 4:设计与评析幼儿园社会教育活动整合方案

实训要求:幼儿园社会教育整合活动方案是以社会内容为核心,整合和渗透与核心内容有联系的知识,使教与学形成整体。按整合方案格式,任选班级设计一篇幼儿园社会教育整合活动方案,并在小组里互相评析与分享。

幼儿园社会教育整合活动方案

活动名称: 班级:

活动目标(整合活动总目标):

活动网络:

实施途径：

环境创设：

家园共育：

系列活动：

评价与分享：

评价者：

实训 5：撰写与评析幼儿园社会教育活动说课稿

实训要求：按说课稿格式，任选一篇已设计的社会教育活动方案，撰写一篇社会教育活动说课稿，并在小组中互相评析与分享。

说课名称：

说活动内容：

说活动目标（重点难点）：

说活动准备：

说教法学法：

说活动过程：

评价与分享：

评价者：

实训 6:试讲与评析幼儿园社会教育活动

实训要求:任选已设计的社会教育活动教案,以小组为单位开展社会教育活动的说、授、评训练。

试讲课题 及班级		实施者	
亮点/反思			
存在问题			
我的困惑			
评价与分享			
		评价者	

实训7:反思幼儿园教育活动设计与实施课程学习效果(二)

项目要求:对照"附录"中列出的课程知识点和能力点,反思本学期学习幼儿园教育活动设计与实施的感悟,并在小组中互相交流与分享。同时,自拟题目,撰写一篇论文(自行提交)。

我的发现	
我的困惑	
我的收获	
我的再提高	
评价与分享	评价者
教师批阅	

项目六：幼儿园美术教育活动的设计、说课、实施与评价

一、知识点

实训要求：在"项目六：幼儿园美术教育活动的设计、说课、实施与评价"基本理论中找出重点和难点的概念和理论，并作答理解其内涵和意义。

基本概念	
基本理论	

交流与分享	
	评价者

二、能力点

实训 1：收集与评析幼儿园美术教育活动教案

实训要求：收集一篇幼儿园美术教育活动教案，并在小组中互相交流与分享。

交流与分享	
	评价者

实训 2:还原与评析幼儿园美术教育活动教案

实训要求:观摩幼儿园美术教学活动的实施,根据观摩活动的内容,按教案格式记录还原一篇观摩活动的教案,并在小组中进行互相评析与分享。

活动名称:

活动内容:

活动目标:

重点与难点:

活动准备
经验准备:

物质准备:

活动过程:

活动反思

评价与分享

评价者：

实训 3:设计与评析幼儿园美术教育活动教案

实训要求:按教案格式,任选班级和内容设计一篇幼儿园美术活动教案,并在小组里互相评析与分享。

续　表

评价与分享	
	评价者

实训 4：幼儿美术作品评析

实训要求：收集幼儿的美术作品（可在见习时间去幼儿园拍摄），对你收集到的美术作品进行评析。分析美术作品所反映的幼儿年龄特点、心理发展特点及作品特点和指导方法。

幼儿
美术
作品
贴此
处

续　表

作品分析	
指导方法	
评价与分享	评价者

实训 5：设计与评析幼儿园美术教育活动整合方案

实训要求：幼儿园美术教育整合活动方案是以美术内容为核心，整合和渗透与核心内容有联系的知识，使教与学形成整体。按整合方案格式，任选班级设计一篇幼儿园美术教育整合活动方案，并在小组中互相评析与分享。

幼儿园美术教育整合活动方案

活动名称：   班级：

活动目标（整合活动总目标）：

活动网络：

实施途径：

环境创设：

家园共育：

系列活动：

评价与分享：

评价者：

实训 6:撰写与评析幼儿园美术教育活动说课稿

实训要求:按说课稿格式,任选一篇已设计的美术教育活动教案,撰写一篇幼儿园美术教育活动说课稿,并在小组中互相评析与分享。

说课名称:

说活动内容:

说活动目标(重点难点):

说活动准备:

说教法学法:

说活动过程：

评价与分享：

评价者：

实训 7:试讲与评析幼儿园美术教育活动

实训要求:任选已设计的美术教育活动教案,以小组为单位开展美术教育活动的说、授、评训练。

试讲主题 及班级		实施者	
亮点/反思			
存在问题			
我的困惑			
评价与分享		评价者	

项目七：幼儿园音乐教育活动的设计、说课、实施与评价

一、知识点

实训要求：在"项目七：幼儿园音乐教育活动的设计、说课、实施与评价"基本理论中找出重点和难点的概念和理论，并作答理解其内涵和意义。

基本概念	
基本理论	

交流与分享	
	评价者

二、能力点

实训 1:收集与评析幼儿园音乐教育活动教案

实训要求:收集一篇幼儿园音乐教育活动案例,并在小组中交流与分享。

交流与分享	
	评价者

实训 2:还原与评析幼儿园音乐教育活动教案

实训要求:观摩幼儿园音乐教学活动的实施,根据观摩活动的内容,按教案格式记录还原一篇观摩活动的教案,并在小组中进行互相评析与分享。

活动名称:

活动内容:

活动目标:

重点与难点:

活动准备

经验准备:

物质准备:

活动过程:

活动反思

评价与分享

评价者：

实训 3：设计与评析幼儿园音乐教育活动教案

　　项目要求：按教案格式，任选班级和内容（在课本中选一首幼儿歌曲）设计一篇幼儿园歌唱活动教案，并在小组中进行互相评析与分享。

评价与分享	
	评价者

实训 4：设计与评析幼儿园音乐教育活动整合方案

实训要求：幼儿园音乐教育整合活动方案是以音乐内容为核心，整合和渗透与核心内容有联系的知识，使教与学形成整体。按整合方案格式，任选班级设计一篇幼儿园音乐教育整合活动方案，并在小组里互相评析与分享。

幼儿园音乐教育整合活动方案

活动名称：   班级：

活动目标（整合活动总目标）：

活动网络：

实施途径：

环境创设：

家园共育：

系列活动：

评价与分享：

评价者：

实训 5:撰写与评析幼儿园音乐教育活动说课稿

实训要求:按说课稿格式,任选一篇已设计的音乐教育活动教案,撰写一篇音乐教育活动说课稿,并在小组中互相评析与分享。

说课名称:

说活动内容:

说活动目标(重点难点):

说活动准备:

说教法学法:

说活动过程：

评价与分享：

评价者：

实训 6:试讲与评析幼儿园音乐教育活动

实训要求:任选一篇已设计的音乐教育活动教案,以小组为单位开展音乐教育活动的说、授、评训练。

试讲主题及班级		实施者	
亮点/反思			
存在问题			
我的困惑			
评价与分享			评价者

实训 7:编排音乐律动

实训要求:以小组为单位编排音乐律动,并在实训活动中展示与评价。

音乐律动名称		音乐律动来源	
音乐律动内容 (歌谱)			
律动动作要领			
小组成员			
评价与分享			

评价者

模块三

幼儿园教育活动设计与实施的拓展技能

实训目标:

1. 理解和运用"幼儿园教育活动设计与实施"拓展技能的基本概念和理论。

2. 强化"幼儿园教育活动设计与实施"的拓展技能训练。

项目八：幼儿园区域活动设计与实施

一、知识点

实训要求：在"项目八：幼儿园区域活动设计与实施"基本理论中找出重点和难点的概念和理论，并作答理解其内涵和意义。

基本概念	
基本理论	

续 表

交流与分享	
	评价者

实训 1：收集与评析幼儿园区域活动教案

实训要求：收集一篇幼儿园区域活动教案，并在小组中交流与分享。

交流与分享	
	评价者

实训 2：设计与评析幼儿园区域活动方案

实训要求：按幼儿园区域活动方案格式，任选班级设计一篇幼儿园区域活动方案，并在小组中进行互相评析与分享。

活动名称	
活动目标	
区域创设	
活动过程	
评价与分享	评价者

项目九：幼儿园主题综合活动设计与实施

一、知识点

理解与掌握"幼儿园主题综合活动设计与实施"的知识点

项目要求：在"项目九：幼儿园主题综合活动设计与实施"基本理论中找出重点和难点的概念和理论，并作答理解其内涵和意义。

基本概念	
基本理论	

交流与分享	
	评价者

二、能力点

实训 1:收集与评析幼儿园主题综合教育活动方案

实训要求:收集一篇幼儿园主题综合教育活动案例,并在小组中交流与分享。

交流与分享	
	评价者

实训 2：设计与评析幼儿园主题综合教育活动方案

实训要求：按主题综合活动方案格式，以"我的家乡"为主题，设计一篇主题综合活动方案，同时写出各系列活动教案。班级自定。

主题名称：

主题说明：

主题总目标：

主题网络：

主题实施途径：

主题环境创设：

家园共育：

主题系列活动：

评价与分享：

评价者：

项目十：幼儿园各种教育计划的设计、实施与评价

一、知识点

项目要求：在"项目十：幼儿园各种教育计划的设计、实施与评价"基本理论中找出重点和难点的概念和理论，并作答理解其内涵和意义。

基本概念	
基本理论	

交流与分享	
	评价者

二、能力点

实训 1:收集与评析"幼儿园各种教育活动计划"

实训要求:收集幼儿园月、周、日等各种教育活动计划教案,并在小组中交流与分享(把收集的各种计划案例粘贴在此)。

交流与分享	
	评价者

实训 2：设计与评析"幼儿园各种教育活动计划"

实训要求：按表 1 至表 3 格式，任选班级分别设计一份月计划、周计划和日计划，并在小组中互相批改与分享。

表 1　幼儿园月计划表

班级		时间	
月目标			
活动内容			
家园共育			
评价与分享			

评价者

表 2　幼儿园周计划表

班级					时间	
周目标						
活动内容	星期	周一	周二	周三	周四	周五
	教学活动					
	生活活动					
	游戏活动					
家园共育						
评价与分享						

评价者

表3 幼儿园一日活动计划表

活动时间	活动环节	活动目标
评价与分享		
		评价者

实训3:学会设计幼儿园一日整合教育方案

实训要求:幼儿园一日整合教育方案是将一日生活中的各项活动内容有机整合,使幼儿一日生活的学做玩形成一个整体。按幼儿园一日整合活动方案格式,任选班级制定一份幼儿园一日整合教育活动方案,并在小组中互相评析与分享。

幼儿园一日整合活动方案

班级		时间	
日目标			
教学活动	上午教学活动		
	下午教学活动		

续　表

生活活动	
游戏活动	
资源整合	
家园共育	
评价与分享	

评价者

实训 4:反思幼儿园教育活动设计与实施课程学习效果(三)

项目要求:对照"附录"中列出的课程知识点和能力点,反思本学期学习幼儿园教育活动设计与实施的感悟,并在小组中互相交流与分享。同时,自拟题目,撰写一篇论文(自行提交)。

我的发现	
我的困惑	
我的收获	
我的再提高	
评价与分享	评价者
教师批阅	

附　录

课程知识点和能力点

课程知识点

模块一：幼儿园教育活动设计与实施的基础理论

★ 幼儿园教育活动概念

★ 幼儿园教育活动的类型及分类

★ 幼儿园教育活动特点

★ 幼儿园教育活动几种课程模式

★ 《幼儿园教育指导纲要（试行）》,《3—6 岁儿童学习与发展指南》,《幼儿园教师专业标准》等文件的内涵和理念

★ 幼儿园教育活动目标及设计

★ 幼儿园教育活动设计的基本原则

★ 幼儿园教育活动设计的基本方法

★ 幼儿园教育活动设计与指导的基本策略

★ 幼儿园教育活动方案设计的类型及结构

★ 幼儿园环境及其创设

★ 说课的涵义

★ "说课"与"授课"的区别与联系

★ 说课稿的撰写

★ 幼儿园教育活动的实施途径

★ 幼儿园教育活动评价的理论及技能

模块二：幼儿园教育活动设计与实施的基本技能

● 健康与幼儿健康教育的基本理论

★ 幼儿园健康教育目标

★ 幼儿园健康教育内容

★ 幼儿园健康教育活动的教学方法

★ 幼儿园健康教育活动的类型与设计

★ 幼儿园健康教育活动的说课设计

★ 幼儿园健康教育活动的实施途径

★ 幼儿园健康教育活动的评价

● 语言与幼儿语言教育(学习)的基本理论

★ 语言与语言能力

★ 幼儿语言教育的含义

★ 幼儿语言学习的特点

★ 幼儿语言学习的影响因素

★ 幼儿语言教育的基本观点

★ 幼儿园语言教育活动的目标

★ 幼儿园语言教育活动的内容

★ 幼儿园语言教育活动的方法

★ 幼儿园语言教育活动的类型与设计

★ 幼儿园语言教育活动的说课设计

★ 幼儿园语言教育活动的实施途径

★ 幼儿园语言教育活动的评价

● 科学与幼儿科学教育的基本观理论

★ 科学的内涵

★ 科学教育与幼儿科学教育

★ 幼儿科学教育的价值

★ 幼儿园科学教育活动目标

★ 幼儿园科学教育活动的内容

★ 幼儿园科学教育活动的方法

★ 幼儿园科学活动的类型与设计

★ 幼儿园科学教育活动的实施途径

★ 幼儿园科学教育活动的说课设计

★ 幼儿园科学教育活动的评价

● 数学与幼儿数学教育的基本理论

★ 数学教育对幼儿发展的价值

★ 幼儿学习数学的方式

★ 幼儿园数学教育的含义

★ 幼儿园数学教育活动的特点

★ 幼儿园数学教育活动的目标

★ 幼儿园数学教育的内容

★ 幼儿园数学教育方法

★ 幼儿园数学教育活动的类型与设计

★ 幼儿园数学教育活动的说课设计

★ 幼儿园数学教育活动的实施途径

★ 幼儿园数学教育活动的评价

● 社会性与幼儿社会性发展的基本理论

★ 幼儿园社会教育的含义

★ 社会性及社会性发展的含义

★ 影响幼儿社会性发展的因素

★ 幼儿园社会教育活动的目标

★ 幼儿园社会教育活动的内容

★ 幼儿园社会教育活动的类型与设计

★ 幼儿园社会教育活动的说课设计

★ 幼儿园社会教育活动的实施途径

★ 幼儿园社会教育活动的评价

● 美术及幼儿美术的基本观点

★ 美术作品的构成要素

★ 幼儿美术能力的发展阶段和特点

★ 幼儿美术教育的含义

★ 幼儿园美术教育活动目标

★ 幼儿园美术教育活动的内容

★ 幼儿园美术教育活动的方法

★ 幼儿园美术教育活动的类型与设计

★ 幼儿园美术教育活动的说课设计

★ 幼儿园美术教育活动的实施途径

★ 幼儿园美术教育活动的评价

● 音乐与幼儿音乐教育的基本理论
★ 音乐的基本特征
★ 幼儿音乐能力的内涵
★ 幼儿园音乐教育
★ 幼儿园音乐教育活动的目标
★ 幼儿园音乐教育活动的内容
★ 幼儿园音乐教育活动的方法
★ 幼儿园音乐教育活动的类型与设计
★ 幼儿园音乐教育活动的说课设计
★ 幼儿园音乐教育活动的实施途径
★ 幼儿园音乐教育活动的评价

模块三：幼儿园教育活动设计与实施的拓展技能

★ 幼儿园区域活动的含义
★ 幼儿园区域活动的特点
★ 幼儿园区域活动的分类
★ 幼儿园区域活动目标
★ 幼儿园区域的创设
★ 幼儿园区域活动材料的准备与投放
★ 幼儿园区域活动方案的结构和设计
★ 幼儿园区域活动的实施形式
★ 幼儿园区域活动的评价反思
★ 幼儿园主题综合活动的含义
★ 幼儿园主题综合活动的特点
★ 幼儿园主题综合活动方案的结构与设计
★ 幼儿园主题综合活动方案的实施途径
★ 幼儿园主题综合活动的评价反思
★ 幼儿园教育活动计划的涵义
★ 幼儿园教育活动计划的种类及制定
★ 幼儿园一日活动的内涵和意义
★ 幼儿园一日活动整合教育活动的设计与实施

★ 幼儿一日活动整合教育方案的评价

课程能力点

模块一:幼儿园教育活动设计与实施的基础理论

● 制定学习幼儿园教育活动设计与实施计划

模块二:幼儿园教育活动设计与实施的基本技能

● 幼儿园健康教育活动方案设计、说课稿撰写、试讲与评价练习
★ 掌握幼儿园健康教育活动方案设计的基本格式;
★ 掌握幼儿园健康教育各类型的教学目标、内容、方法及实施途径;
★ 掌握说课稿的撰写格式及说课的基本技巧;
★ 学会反思评价幼儿园健康活动;
★ 掌握自制幼儿体育器材的方法。

● 幼儿园语言教育活动方案设计、说课稿撰写、试讲与评价练习
★ 掌握幼儿园语言教育活动方案设计的基本格式;
★ 掌握幼儿园语言教育活动各类型的教学目标、内容、方法及实施途径;
★ 掌握说课稿的撰写格及说课的基本技巧;
★ 学会反思评价幼儿园语言活动。

● 幼儿园科学教育活动方案设计、说课稿撰写、试讲与评价练习
★ 掌握幼儿园科学教育活动方案设计的基本格式;
★ 掌握幼儿园科学教育活动各类型的教学目标、内容、方法及实施途径;
★ 掌握说课稿的撰写格式;掌握说课的基本技巧;
★ 学会反思评价幼儿园科学探索活动。

● 幼儿园数学教育活动方案设计、说课稿撰写、试讲与评价练习
★ 掌握幼儿园数学教育活动方案设计的基本格式;
★ 掌握幼儿园数学教育活动各类型的教学目标、内容、方法及实施途径;
★ 掌握说课稿的撰写格式及说课的基本技巧;
★ 学会反思评价幼儿园数学活动。

● 幼儿园社会教育活动方案设计、说课稿撰写、试讲与评价练习
★ 掌握幼儿园社会教育活动方案设计的基本格式；
★ 掌握幼儿园社会教育活动各类型的教学目标、内容、方法及实施途径；
★ 掌握说课稿的撰写格式及说课的基本技巧；
★ 学会反思评价幼儿园社会活动。

● 幼儿园美术教育活动方案设计、说课稿撰写、试讲与评价练习
★ 掌握幼儿园美术教育活动方案设计的基本格式；
★ 掌握幼儿园美术教育活动各类型的教学目标、内容、方法和实施途径；
★ 掌握说课稿的撰写格式及说课的基本技巧；
★ 学会反思评价幼儿园美术活动。

● 幼儿园音乐教育活动方案设计、说课稿撰写、试讲与评价练习
★ 掌握幼儿园音乐教育活动方案设计的基本格式；
★ 掌握幼儿园音乐教育活动各类型的教学目标、内容、方法及实施途径；
★ 掌握说课稿的撰写格式及说课的基本技巧；
★ 学会反思评价幼儿园音乐活动。

模块三：幼儿园教育活动设计与实施的拓展技能

● 幼儿园区域活动方案设计与评价练习
★ 掌握幼儿园区域活动方案设计的基本格式和实施途径；
★ 掌握幼儿园区域活动的指导方法；
★ 学会反思评价幼儿园区域活动。

● 幼儿园主题综合活动方案设计与评价练习
★ 掌握幼儿园主题综合活动方案设计的基本格式及实施途径；
★ 掌握幼儿园主题综合活动网的设计；
★ 学会反思评价幼儿园主题综合活动。

● 幼儿园教育各项计划表设计练习
★ 学会制定幼儿园"月计划、周计划和日计划"等各种类型教育活动计划；
★ 学会制定幼儿园一日整合教育方案；
★ 熟悉掌握幼儿园一日活动的环节时间安排与指导。